AF279333

MEGAN GOULD

APULEYO EDICIONES   FOMENTO DE VALORES   CUENTOS ILUSTRADOS

A VECES

APULEYO EDICIONES   FOMENTO DE VALORES   CUENTOS ILUSTRADOS

A veces me siento un poco raro y no lo sé explicar.

Mis emociones hacen mucho ruido y no las sé distinguir.

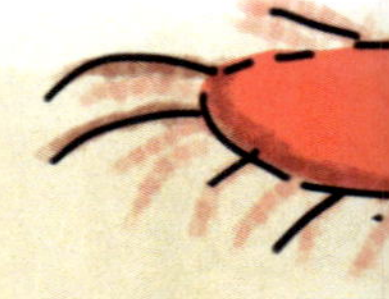

A veces me siento triste y no lo sé expresar.

A veces tengo ganas de llorar y otras veces te quiero abrazar.

En ocasiones me necesito apartar.

Me escondo en mi habitación hasta que mis emociones se empiezan a equilibrar.

A veces me enfado mucho y no lo sé definir.

Quiero gritar muy fuerte para dejar la ira ir.

Abrazar un peluche muy fuerte
hasta que el enfado deje de sentir.

Incluso quiero pegar,
aunque sé que no debo herir.

A veces me siento tan feliz
que incluso te quiero morder.

Te abrazaría tan fuerte que dejarías de ver.

Me siento tan feliz que es difícil de controlar.

Te quiero pellizcar para expresar mi felicidad.

A veces, al dormir, una sensación
rara me empieza a invadir.

Empiezo a respirar muy fuerte
y cerca te quiero sentir.

Quiero acurrucarme junto a ti,
hasta que el miedo se acabe de ir.

Mis emociones a veces hacen mucho
ruido y no las sé diferenciar.

Las personas que me cuidan me dicen
que puedo saltar o abrazar, bailar o respirar,
gritar, esconderme o leer.

Yo puedo elegir lo que me hace sentir bien.

Pero siempre cuidando personas, animales y materiales también.

© Megan Amabel Ashley Gould (de la obra)
©Apuleyo Ediciones (de esta edición)
Primera edición en Apuleyo Ediciones: marzo 2024
Diseño de cubierta: Sofía Corzo González
Corrección: Lorena Maestre Gregori
Maquetación: Domingo Carrasco Martín
Ilustraciones: Michelle Veneziano
Coordinación editorial: Isidoro Cidre González
info@apuleyoediciones.com
www.apuleyoediciones.com
ISBN: 978-84-10068-78-0
Depósito legal: H 573-2023

Hecho e impreso en España.

A VECES

APULEYO EDICIONES   FOMENTO DE VALORES   CUENTOS ILUSTRADOS

MEGAN GOULD

APULEYO EDICIONES   FOMENTO DE VALORES   CUENTOS ILUSTRADOS